法務基礎

大久保　聖 著

職業訓練法人H＆A

◇ 発行にあたって

当法人では、人材育成に係る教材開発を手掛けており、本書は愛知県刈谷市にありますARMS株式会社（ARMS研修センター）の新入社員研修を進行する上で使用するテキストとして編集いたしました。

ARMS研修センターの新入社員研修の教育プログラムでは、営業コースをはじめ、オフィスビジネスコース、機械加工コース、プレス溶接加工コース、樹脂加工コースなど全18種類の豊富なコースを提供しております。また、昨今の新型コロナウイルス感染拡大を受け、Zoom※でのネット受講でも使用できるように、できる限りわかりやすくまとめましたが、対面授業で使用するテキストを想定しているため、内容に不備があることもございます。その点、ご理解をいただければと思います。

本書では新入社員研修の内容をご理解いただき、日本の将来を背負う新入社員の教育に役立てていただければ幸いです。

最後に、本書の刊行に際して、ご多忙にもかかわらずご協力をいただいたご執筆者の方々に心から御礼申し上げます。

2021年3月
職業訓練法人　H&A

※Zoomは、パソコンやスマートフォンを使って、セミナーやミーティングをオンラインで開催するために開発されたアプリです。

◇ 目次

第１章　法とは何か？

第２章　憲法の基礎知識

第３章 行政法の基礎知識

第４章 民法の基礎知識

第５章　刑法の基礎知識

第６章　訴訟法の基礎知識

第 1 章

法とは何か？

01 法の定義

１．社会秩序の維持としての法

「法」というと何を思い浮かべますでしょうか。
「厳しいもの？」「守るべきもの？」「読みづらいもの？」「なくてはならないもの？」
などさまざまなことが思い浮かべられるものと思います。

「法」とは、「社会生活を規律する準則としての社会規範の一種」である。

むずかしく書きましたが、わかりやすくいうと、
「国民が社会生活を秩序だって暮らすためのルールの一種」
ということです。

日本は法治国家であり、「法によらなければ、国家は国民に対して作為をすることもできず、命令又は禁止をすること」ができません。これは「法律がなければ、国は国民に対してなにもすることができず、何かを強制したり、やってはいけないといったりできません」ということを意味しています。

２．法の体系（憲法、法律、政令、省令、告示、特別法）

法律の文章のことを**「条文」**と呼びます。今後よく出てくるので覚えておいてください。
世の中には「法」と呼ばれるものがたくさんあります。それぞれ「憲法」「法律」「政令」「省令」「特別法」などと呼称されるものがありますが、これらの「法」は優先される順位が決まっています。

広く一般に適用される法のことを「一般法」といい、一般法の定める分野のうち、さらにその一部に対して特別の定めをする法を「特別法」といいます。

憲法	国家の統治体制の根本的事項を定める法の全体のことです。最高法規。
法律	憲法の定める方式に従い、国会の議決を経て制定される法です。
政令	内閣によって制定される命令。すべてを国会決議で決めるとさまざまな不具合があるため、基本を国会で制定し、政令で詳細を定めたりします。
省令	大臣が主任の行政事務について法律、政令または法律、政令の委任に基づいて発する命令。事務の円滑化のために定められます。
告示、通達など	「法」ではなく、行政事務を画一的に運用するため、または判断の指針を示すためなど、さまざまな目的をもって発信するものです。

特別法	特別法は一般法に優先して適用されます。 （例.民法と商法、民法と会社法）

このテキストでは「法」のうち最重要項目である「憲法」と「法律」に焦点を絞って解説していきます。

3．私法と公法

「法」は**私法**と**公法**で区分することもあります。

私法	民法、商法など。 自由、対等の私人間の関係を規制する法。
公法	憲法、行政法（行政を運営するための法律）、刑法、訴訟法など。 どの法を公法に区分するかは諸説ありますが、公法区分の一例として「公益」「国家」に関する法としての区分があります。

4．実体法と手続法

3．の私法・公法の区分に加えて、**実体法**と**手続法**という区分もあります。

実体法	権利義務の発生、変更、消滅の要件等の法律関係について規律する法。
手続法	権利、義務等の実現のために執るべき手続きや方法を規律する法。

5.「みなす」と「推定する」

法律の条文の表現には独特であるものがあります。それが「みなす」と「推定する」という言葉です。「みなす」についての例として、次のような条文があります。

> 民法　第97条2項
> 　相手方が正当な理由なく意思表示の通知が到達することを妨げたときは、その通知は、通常到達すべきであった時に到達したものとみなす。

民法には意思表示というものがあります。これは、「契約する」「契約解除する」という意思を示すことです。そして、民法ではその意思表示は意思の通知が到着したとき（例えば、郵便が到着したとき）に効力を発揮することととなっています。

しかし、相手方が意思表示を望まないときにその意思の到着を「故意」に妨げることをして、郵便の到着などの意思表示を遅らせた場合、予定より「遅れて到着」した場合であっても、「本来到着する予定だった日」、によって意思表示の日付を判断しますよ、ということです。

この場合、「実際の到着が予定日の 1 か月後であった」としても、「本来の到着予定日を基準として判断すること」として、「一切の反証を許さない」ところに特徴があります。「一切の反証を許さない」ということは、どのようなことがあろうとも（たとえ事実と違っても）条文が定める取扱いに従ってください、ということです。

「推定する」については、次のような条文の例があります。

> 民法　第573条
> 　売買の目的物の引渡しについて期限があるときは、代金の支払についても同一の期限を付したものと推定する。

ここで「推定する」という言葉がでてきています。この「推定する」という言葉は、「基本的に法律の条文の結果（この場合は「同一の期限を付す」こと）を導きますが、『みなす』と違って、反証がある場合（別の事実や取り決めがある場合）にはその反証を採用する」というものです。

例えば、Aという土地を売る場合に「6 月 30 日までに引き渡すとしたら（何もなければ）支払いも 6 月 30 日までですよ。」ということとなります。しかし、契約書などで「代金の支払は 12 月 31 日までに決済するものとする。」という定め（反証）が別にあれば、「6 月 30 日までに引き渡すとしても支払いは 12 月 31 日まででいいですよ。」ということとなります。

この「みなす」と「推定する」は一般的に使われる用法と異なり、法の世界独特の表現といえます。こういった表現を用いて、「法」はさまざまなことを規定しています。

02 法の目的と解釈

1．法の目的

「法」とは、「社会生活を規律する準則としての社会規範の一種」であると先に述べました。ではなぜ「法」による社会規範が必要なのでしょうか？

私たちは「日本」という国にくらしています。「日本」という国独自の文化があり、社会的背景があります。社会的背景の中には、宗教や道徳、習俗といったものから導かれる社会規範もあります。

しかしながら、「法」が定める社会規範は、

国家的背景を持ち、国家の強制力が「法」に定める規範の実現を保障している

点に違いがあります。

つまり、「法」が定める社会規範は、国家によって守られることを保障されているのです。これが、宗教や道徳、習俗による社会規範と決定的に異なる点なのです。

例えば、「マナー」とは「道徳」から導かれる社会規範です。「マナー違反」は社会から嫌悪されますが、「マナー違反」しても処罰はされません。（もちろん「マナー違反」の結果が、「法」による処分の対象となっている場合は別です。）一方、刑法に定める犯罪行為を行った場合は「法」に基づいて処罰がなされるのです。

つまり、「法」は、「社会規範を維持するために、国家の強制力によって、定められた事項を保障する」ことを目的としているといえるでしょう。

２．なぜ解釈が生じるのか

「法」には**「解釈」**がつきものです。

「法の解釈」とは「法令の適用を前提として、法令の意味内容を明らかにする」ことをいいます。本来、法律は一義でなければならず、複数の解釈を生じさせるのは望ましくない、と考えられています。それではなぜ、解釈が生じるのでしょうか。

法ですべての事象を定義するのは現代社会においてはとても困難です。また社会変動も激しく、日々新しい事象などが生じています。こうした中では、過去に定められた法に基づき、新しい事象や未だ想定されていない事象について判断をしていくほかありません。

この判断を「解釈」と呼ぶのです。

＜事例紹介＞

自動車の一斉検問で摘発された人がいます。しかしながら、この人が**「警察官は警察法に縛られているのであるから、警察法に規定のない一斉検問はできないはずである。したがって一斉検問自体が違法だ！違法行為によって収集された証拠（摘発の原因）は違法証拠収集として証拠能力はないはずだ！」**と主張して裁判になりました。

警察が行う一斉検問に関して、実は**「警察は一斉検問ができる」と定めた法はありません。**さて、どう判断したらよいでしょうか？

＜解釈＞

確かに一斉検問そのものを定めた法律はありません。しかしながら警察の職務は「交通の取締を含めた秩序の維持」です。確かに法律の根拠なくしては、警察は行動できませんが、この「交通の取締」については具体的に法律に定めがあります。

警察法　第２条１項 　警察は、個人の生命、身体及び財産の保護に任じ、犯罪の予防、鎮圧及び捜査、被疑者の逮捕、**交通の取締その他公共の安全と秩序の維持**に当ることをもつてその責務とする。

一斉検問が警察法２条にいう「交通の取締」に当てはまるかどうかはきちんと考えてみないとわかりませんね。厳密な表現ではありませんが、この「きちんと考える」ことが「解釈」なのです。「解釈の結果」は次で述べることとします。

（参考：最高裁判所　昭和55年９月22日　判決）

03 解釈手法と判断

1. 法的三段論法

「法」を解釈していくにあたり重要なことは、「解釈の結果」としての「判断」が「適正である」といえるだけの論拠を持たせることです。

たとえば、先の一斉検問の事例において「警察には権限があるからしかたない。だから警察のやったことは正しい。」というようなあいまいな判断をしたとしたら、納得できますでしょうか。納得できないと思います。すなわちそれは判断が適正であるとはいい難いということです。

その論拠を持たせるための手法として**「法的三段論法」**という方法が用いられます。

法的三段論法とは
大前提＝法を具体的に解釈し、前提を示す（規範の定立）。（AはBである。）
小前提＝法を具体的に事実に対してあてはめ、法の適用を行う。（CはAである。）
結論　＝結論を導く。（ゆえにCはBである。）
というものです。

具体的な例としては次のものがよく示されます。

1．大前提＝(A)人は、(B)いつか死亡する。
2．小前提＝(C)ソクラテスは(A)人である。
3．結論　＝ゆえに(C)ソクラテスは(B)いつか死亡する。

これで説明に説得力がでたと思います。この３ステップを踏むことで、「法の解釈」に論理性を持たせることができるのです。

2．解釈手法

（1）解釈手法の全体像

解釈にはさまざまな方法があります。法的三段論法を行っていくためには、大前提と小前提を成立させる必要がありますが、その前提を成立させるための手法をここでは学んでいきます。

（2）文理解釈

条文の文字、文章を重視する法令解釈の方法を**「文理解釈」**といいます。法は皆が読んで行うものですから、同じ法律を読んだら同じように判断できないといけない、という考え方です。皆が読んで行うのに、「文章にないことがらを考えて判断してください。」といわれても難しいですよね。そのために文章から読み取れる言葉を重視する法解釈の手法です。

（3）目的論的解釈（趣旨解釈）

法を、条文の文字表現や形式にこだわらず、法の目的を重視して、解釈する手法を**「目的論的解釈」（趣旨解釈）**といいます。法は変更されない限り 10 年たっても同じままですが、そうした固定的な法を、変動する社会に適合させる手段として重要です。

（4）類推解釈、反対解釈

法に規定された事項の意味を、条文に明記されていない、類似の事項にひろげる方法を**「類推解釈」**といいます。たとえば「象は動物である」と定めた法の条文があるとすると、「同じ哺乳類なので、人間も動物である」として法を解釈する手法です。

また、直接の法の規定がない場合に規定されている法の内容と反対の解釈を導くことを**「反対解釈」**といいます。たとえば、「バイクは通行禁止」と法の条文で定められている場合に「バイク以外なら通行してもよい」と法の条文を解釈するとして法を解釈する方法です。

（5）拡張解釈、縮小解釈

法をその目的に照らして、日常一般に意味する以上に拡張して、解釈する方法を**「拡張解釈」**といいます。逆に狭く解釈をすることを**「縮小解釈」**といいます。ただし、この手法は法で定められている内容以上のものを判断することになったり、法の範囲を狭めることになったりするので、法によってはこの解釈手法を敬遠しています。

これらの手法を用いて法の内容を判断していくことになります。

3．解釈の結果

それでは先の一斉検問の事例を、具体的に解釈していきましょう。論点は警察法 2 条に定める「交通の取締」に一斉検問という行為を含めてよいかどうかということでした。

警察法　第2条1項 警察は、個人の生命、身体及び財産の保護に任じ、犯罪の予防、鎮圧及び捜査、被疑者の逮捕、**交通の取締その他公共の安全と秩序の維持**に当ることをもつてその責務とする。

この事例は裁判で実際にあったものですが、裁判所は以下のように法の解釈をして、判示（判決の結果を示すこと）をしました。わかりやすくするために内容はかなり要約してあります。

- 警察法 2 条 1 項が「交通の取締」を警察の責務として定めていることから、警察の活動は任意手段（法に直接定めていない方法）であっても、治安維持のためである限り、ある程度は許容されるべきである。
- 任意であっても無制限に権限があるわけではない。
- 自動車運転者には自動車運転を許されていることに伴う責任があるから、通常の交通の取締には協力すべきである。
- 警察が短時間の停止を求めて、必要な質問をすることは、それが任意で行われ、自由を不当に制約するものでなければ、違法でない。
- 上記の態様によって実際の検問は行われていたので、適法である。

この結論を法的三段論法に当てはめて区分すると次のようになります。

大前提（警察活動範囲の定義）	「交通の取締」は警察の責務であるから、**警察法 2 条に照らして、治安維持のための警察活動は「任意」である限り許容されるべきである。**（ただし、無制限に許容されるべきではない。）運転者には運転を許されていることに伴う責任があるから、交通の取締には協力すべきである。
小前提（自動車検問の正当性）	（現時における交通違反、交通事故の状況なども考慮すると、）警察官が、交通違反の多発する地域等の適当な場所において、交通違反の予防、検挙のための**自動車検問を実施し、短時間の停止を求めて、必要な質問をすることは、それが任意で行われ、自由を不当に制約するものでなければ、違法でない。この事例における一斉検問は任意かつ自由を不当に制約しない方法で行われていた。**
結論	**したがってこの検問は適法である。**

このように考えて、直接的に「一斉検問をすることができる」と定めた法律はないものの、警察法２条の**「趣旨」**に基づいて**「一斉検問は適法である」**という結論を導きだしました。

これを見ると、きちんと、大前提、小前提、結論、という法的三段論法による論拠付けが行われていることがわかると思います。このようにして法の解釈の結果としての結論が得られるのです。

第 2 章

憲法の基礎知識

01 憲法が定めるもの

この章では日本の最高法規である「日本国憲法」について、内容を確認していきます。「日本国憲法」が何を定め、その定めている内容は実際にどういうものかを掘り下げてみていきたいと思います。（以下「日本国憲法」のことを単に「憲法」といいます。）

１．最高法規性

最初に憲法は最高法規である、と述べました。では最高法規であるということは何によって規定されているのでしょうか。それは憲法の中に直接規定されています。

> 憲法　第98条第１項
> この憲法は、国の最高法規であつて、その条規に反する法律、命令、詔勅及び国務に関するその他の行為の全部又は一部は、その効力を有しない。

いいかえれば、「憲法に反する法律その他すべての行為はすべて無効ですよ。」ということです。これを憲法の**「最高法規性」**と呼びます。

憲法違反として判断された一例をあげてみます。

> 旧刑法　第200条（現在は削除）
> 自己又ハ配偶者ノ直系尊属ヲ殺シタル者ハ死刑又ハ無期懲役ニ処ス

現在は削除されていますが、旧刑法は200条において「尊属殺」と呼ばれる、一般的な殺人罪より厳しく規定されているものがありました。この法律のもとでは、どれだけ情状酌量の余地があったとしても、最低刑が無期懲役のため、重い実刑判決を免れないのです。

尊属殺については「量刑が重すぎる」ため、「基本的人権」を侵害しているとして、憲法の解釈裁判となった事例があります。この事例に対して最高裁判所は次のように判示しました。

尊属殺を普通殺とすることは差別とは言えないが、その法定刑を死刑または無期懲役刑のみに限定しているのは、立法目的達成のために必要な限度を遥かに超え、普通殺に関する刑法に比べてとても不合理な差別的取扱なので、憲法14条1項に違反している。したがって、(旧) 刑法200条により有罪とされたものは無効である。(内容要約)

なお、憲法14条1項には次のように書かれています。

憲法　第14条1項 すべて国民は、法の下に平等であつて、人種、信条、性別、社会的身分又は門地により、政治的、経済的又は社会的関係において、差別されない。

簡単にいうと、「普通の刑罰に比べて例外的に重い刑罰を科しているが、刑罰が重すぎる。これは普通殺というものを規定している刑法199条に比べて、著しく不合理な差別的取扱いであり憲法に違反している。だから法律そのものが無効である」、と刑法200条そのものを否定しているのです。このことからも、「憲法が法律を制限する＝憲法が最高法規である」ということがわかると思います。

(最高裁判所　昭和48年4月4日　判決)

2. 自由の基礎法

憲法は「個人の人権を保障する」＝「国民は自由である」というコンセプトに基づき、制定されています。この自由という表現は一般的な自由とは異なり、**「国家の干渉などにより制限を受けない」という点において「自由」である**というものです。

この最たるものとして「信教の自由」「言論、報道の自由」などがあげられるでしょう。

憲法第20条1項 信教の自由は、何人に対してもこれを保障する。いかなる宗教団体も、国から特権を受け、又は政治上の権力を行使してはならない。

憲法　第21条1項 集会、結社及び言論、出版その他一切の表現の自由は、これを保障する。

このように、憲法は国民一人ひとりの自由を守るために存在しています。このことから、憲

法は**「自由の基礎法」**と呼ばれています。

３．制限規範性

「１．最高法規性」、「２．自由の基礎法」において、憲法は
・すべての法の最上位に位置する最高法規であること
・国民の一人ひとりの自由を守るために存在していること
を説明してきました。

それでは、逆に、国民の「自由が守られない状態」とはどのような状態でしょうか？
・国家が個人に干渉し、自由を制限している状態
・国家権力を行使し、国民に不利益を与えている状態
などが考えられるかと思います。

例えば国会は立法府として、憲法によって法律を作る機能を与えられています。

> 憲法　第41条
> 　国会は、国権の最高機関であつて、国の唯一の立法機関である。

もし憲法がなかったとしたらどうでしょうか。国会はどんなことでも立法することができてしまい、とんでもないことになってしまいます。そのため、憲法で個人の権利などについても定めておき、それを「侵害する法律は無効である」という制限を設けるようになっているのです。

このように、憲法は「憲法に違反した国家権力の行使」を制限する機能を持ちます。このことを**「制限規範性」**といいます。

02 三権分立

国家の統治は**「司法」「立法」「行政」**の３つから成り立っています。
いずれも憲法に定めがあります。

憲法　第76条１項
　すべて司法権は、最高裁判所及び法律の定めるところにより設置する下級裁判所に属する。

憲法　第41条
　国会は、国権の最高機関であつて、国の唯一の立法機関である。

憲法　第65条
　行政権は、内閣に属する。

立法はさきほど触れたとおりです。他の 2 つについても憲法で上記のように定められています。

この３つは相互に規制監督しあう三すくみのような関係になります。
すなわち
・司法機関は立法機関に対し「違憲立法審査権」を行使できます。
・立法機関は司法機関に「弾劾裁判」を行えます。

・司法機関は行政機関に対し「命令、規則、処分等の違法性審査」を行えます。
・行政機関は司法機関に対し「最高裁判所長官の指名、裁判官任命」を行えます。

・行政機関は立法機関に対し「国会を招集する権限、解散する権限」を有し、行使できます。
・立法機関は行政機関に対し、「内閣不信任案の決議や、内閣総理大臣の指名」ができます。

図にまとめると次頁の図表１のような関係になります。

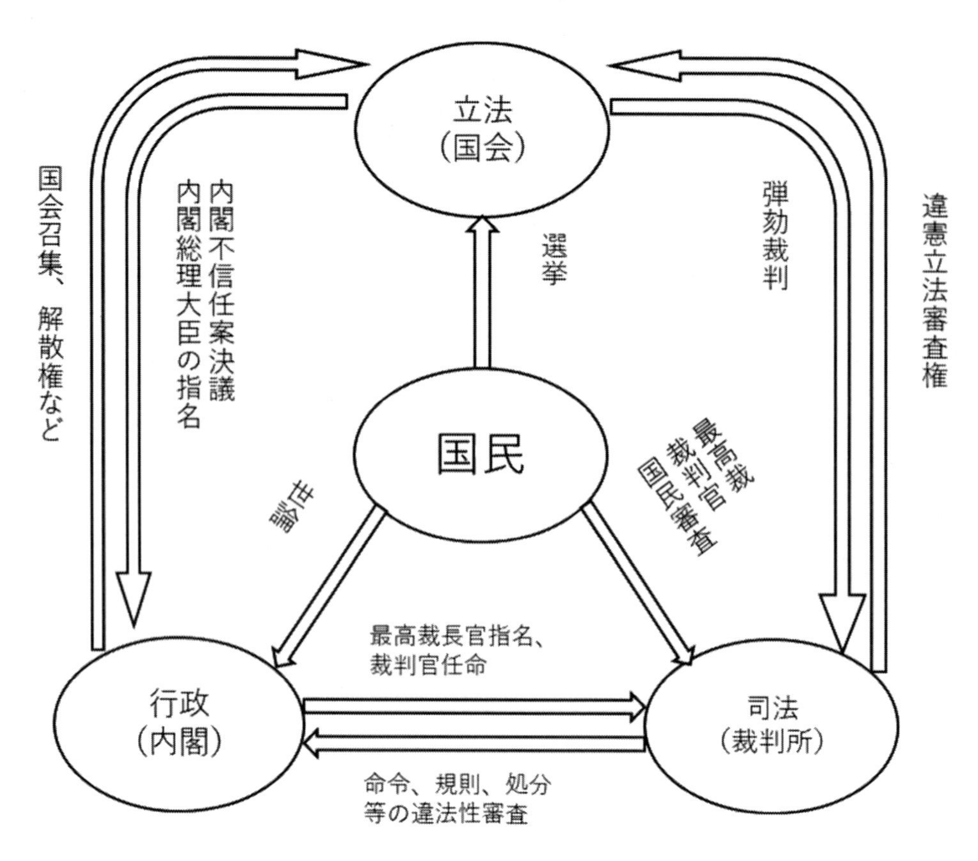

図表１：三権分立の構造

このように国民を中心に 3 つの統治構造がそれぞれ相互にけん制し合って、バランスを保っています。これを**「三権分立」**といい、近代民主国家の基本といえるものです。

１．司法

それではここからはまず、「司法」についてみていきます。司法権に関する定めは先ほど述べましたが、憲法の 76 条以下に定めがあります。

> 憲法　第 76 条 1 項
> 　すべて司法権は、最高裁判所及び法律の定めるところにより設置する下級裁判所に属する。

このことからわかるように、裁判所とは司法権を行使する国家機関であり、個々の紛争に対して、裁断を下す権限を有する唯一の場所です。司法とは具体的な争訟事件について、法を適用し、宣言することによって、これを解決する作用のことをいいます。

つまり、司法機関である裁判所は

① 法を適用することによって解決できること

② 当事者に具体的な権利・義務があるかについての紛争であること

といった条件を満たすものしか解決できないということになります。

司法権の独立性は憲法の次の条項により守られています。

> 憲法　第76条2項
> 特別裁判所は、これを設置することができない。行政機関は、終審として裁判を行ふことができない。
>
> 憲法　第78条
> 裁判官は、裁判により、心身の故障のために職務を執ることができないと決定された場合を除いては、公の弾劾によらなければ罷免されない。裁判官の懲戒処分は、行政機関がこれを行ふことはできない。

これらの文言は行政の側から、司法、すなわち裁判所への干渉を防ぐことを規定しています。もし、行政が裁判官を自由に処分できたりしたらどうなるでしょうか。

裁判所は行政からの干渉を常に受けることになり、公平な判断を下すことができなくなりますよね。ですから、司法機関である裁判所は行政からの干渉を受けないようにされているのです。

2. 立法

つぎは立法について見ていきましょう。

立法については、憲法の41条以下に定めがあります。

> 憲法　第41条
> 国会は、国権の最高機関であつて、国の唯一の立法機関である。

ここでいう「国権」とは国家権力のことをいいます。また「最高」と表現されているところについて、「最高」の考え方も諸説あります。ただ、通説としては「政治的な修飾語」としての意味合いが強いです。

また、国会は　①司法（裁判所）からは、違憲立法審査権（立法が憲法に違反していないか審査を受けること）の制約を受け、②行政（内閣）からは衆議院解散権という制約を受けます。

最高機関といいつつも、制約を受けるということから、あくまでも「最高」ということが修飾的意味である、といえることがわかります。

加えて、国会は国民の中から議員を直接選出し、その議員によって構成されることから、「国の中心機関であるという位置づけ」をされているともいえ、**「最高機関」という表現を用いていることは国の政治の中心的地位を占める機関であることをより強く言うため**、ともいえるでしょう。

次に、**「唯一の立法機関」**という文言に焦点を当てていきましょう。「立法機関」とは**「立法権を行使し、立法を担当する機関」**のことをいいます。

「立法権」を「国民の選挙した代表を構成員とする国会」に与えることによって守られることとはなんでしょうか？それは国民自身の意思を反映することであり、これは「選挙によって選ばれた代表によって作成された法律は国民の意思を反映しているはずであり、自分たちの権利・自由を侵害しないであろう」という前提に基づいています。

国会には**「立法裁量」**が認められ、どのような理想や目的の下にどのような内容の法律をつくるかの判断は**「憲法の枠内」において、立法機関としての国会の判断にゆだねられます。**これも、先の「選挙によって選ばれた代表によって作成された法律は国民の意思を反映しているはずであり、自分たちの権利・自由を侵害しないであろう」という前提に基づいた裁量といえるでしょう。

３．行政

最後に行政について見ていきましょう。行政権は憲法第 65 条以下に定めがありましたね。

憲法　第65条 　行政権は、内閣に属する。

行政権については、実は明確な定めがありませんが、**「国の統治権から立法権と司法権とを除いたものの総称である」**とする考え方が広くいき渡っています。内閣が主導して行政を進めていくことになります。

行政の役割は、さまざまなものであり、状況に応じて国民の要求も変わります。行政権を具体的に定めてしまうと、いざというときに束縛となってしまいかねません。あいまいに定義することにより可能性を広くとっている、といえるでしょう。

03 裁判の仕組みと判決のもつ意味

1. 裁判の順序

憲法の中で司法について、触れましたので、直接憲法そのものに関わる分野ではありませんが、裁判所の構造について触れておきましょう。

裁判所の種類としては、**「最高裁判所、高等裁判所、地方裁判所、家庭裁判所、簡易裁判所」**があり、上下の関係にあります。

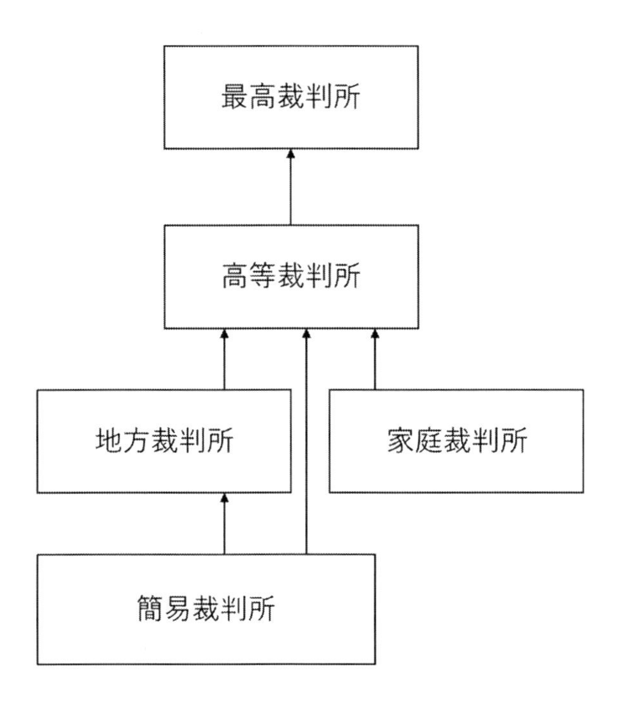

図表２：裁判所の上下関係

2. 最高裁の先例性

裁判所が下した判断（＝判決）の中でも、特に最高裁判所が一度下した判断は非常に重いものとなります。

> 裁判所法　第４条
> 　上級審の裁判所の裁判における判断は、その事件について下級審の裁判所を拘束する。

これは図表２で解説した裁判所の縦の関係において、「上の裁判所」が下した判断に「下の裁判所」は異なる判断をすることができない、ということです。厳密にいうと「範囲の射程」、というようなものがあり、もう少し難しいのですが、ひとまずは上の内容を覚えておいてください。

最高裁判所より上の裁判所はありませんから、基本的に最高裁判所の判断は変えられず、裁判はすべてその判断に従わなければならない、ということになります。他方、高等裁判所、地方裁判所等で行われた裁判の判断結果は上位の裁判所で変えられる可能性があります。**最高裁判所の判断はそれだけ重い、といえるのです。**これを**「先例性」**とか**「先例拘束性」**などといいます。

> 裁判所法　第10条
> 　事件を大法廷又は小法廷のいずれで取り扱うかについては、最高裁判所の定めるところによる。但し、左の場合においては、小法廷では裁判をすることができない。
> 　一　当事者の主張に基いて、法律、命令、規則又は処分が憲法に適合するかしないかを判断するとき。（意見が前に大法廷でした、その法律、命令、規則又は処分が憲法に適合するとの裁判と同じであるときを除く。）
> 　二　前号の場合を除いて、法律、命令、規則又は処分が憲法に適合しないと認めるとき。
> 　三　憲法その他の法令の解釈適用について、意見が前に最高裁判所のした裁判に反するとき。

最高裁判所には15人の裁判官があつまって審議する**「大法廷」**と３人以上の裁判官があつまって審議する**「小法廷」**があります。「大法廷」については15人の裁判官全員があつまるということで、極めて重要な場合にしか開かれません。

・違憲か合憲かの判断をするとき
・違憲判断を下すとき
・最高裁判所の過去の判断を変更するとき

は必ず大法廷で取り扱われなければなりません。これも最高裁判所の判断を重いものとしている理由といえます。

みなさんは「最高裁判所で判決が出た」といったら「それだけ重い判断をしたのだな」くらいに思っていただければよいかと思います。

3．上告不受理とは

地方裁判所の判断に不服で、**高等裁判所に再度判断を仰ぐことを「控訴」といいます。**また、高等裁判所の判断に不服で、**最高裁判所の判断を仰ぐことを「上告」といいます。**（簡易裁判所が出発点のときは、地方裁判所に「控訴」、高等裁判所に「上告」、最高裁判所に「特別上告」となります。）

最高裁判所は国に 1 つしかなく、すべての判断を最高裁判所で受け付けていたら人手がいくらあっても足りません。そこで、**最高裁判所は一定の条件に当てはまる場合以外は「判断を仰ぐことを受け付けない」**ことになっています。

民事訴訟法　第 312 条 1 項、2 項

上告は、判決に憲法の解釈の誤りがあることその他憲法の違反があることを理由とするときに、することができる。

上告は、次に掲げる事由があることを理由とするときも、することができる。ただし、第四号に掲げる事由については、第三十四条第二項（第五十九条において準用する場合を含む。）の規定による追認があったときは、この限りでない。

刑事訴訟法　第 405 条

高等裁判所がした第一審又は第二審の判決に対しては、左の事由があることを理由として上告の申立をすることができる。（以下省略）

具体的内容を定める条文は省いてしまいましたが、おおまかにいうと、

・憲法解釈の誤りがあること
・法律に定められた重大な訴訟手続の違反事由があること
・原審の判断（＝最高裁判所に上がる前の判断）に過去の判断に反する判断がある事件
・その他の法令の解釈に関する重要な事項を含む事件

この 4 つのうちいずれかを満たす場合に、最高裁判所は判断を仰ぐことを受け付けるのです。

もし、あてはまらない場合は**「上告不受理」（＝上告そのものを受け付けてもらえない）**こととなり、原審が確定することとなります。おなじような言葉で「上告棄却」という言葉がありますが、これは「上告」した側の判断を「却下」することであり、そもそも受け付けない「上告不受理」とは異なります。

04 人権と公共の福祉

1．基本的人権の尊重

> 憲法　第 11 条
> 　国民は、すべての基本的人権の享有を妨げられない。この憲法が国民に保障する基本的人権は、侵すことのできない永久の権利として、現在及び将来の国民に与へられる。

憲法には「基本的人権の尊重」が定められています。ここでいう「基本的人権の尊重」における「人権」とは何を指すのでしょうか。

「人権」はもともと**「自由権」**のみを指すことが多かった（アメリカの独立宣言やフランスの人権宣言など）です。しかし、近年に至って、自由権を現実的に担保するためには**「参政権」**が、国民の生活を保障するためには**「社会権」**が、それぞれ確保される必要があるとされ、この「基本的人権」には自由権、参政権、および社会権が含まれる場合が多くなっています。

自由権とは、**「国家権力の介入、干渉によって自由を侵害されない権利で、国家によって初めて与えられるものではなく、国家以前に存在するもの」**です。したがって、自由権の確保のためには、まず国家権力の介入、干渉をなるべく防がなければなりません。ここで第 2 章の 3 にてお話しした、「制限規範性」というキーワードがとても重要になってくるのです。

参政権とは、**「国民が政治に参加する権利」**のことで、もし参政権がなかったとしたら、国民の意見が政治にまったく反映されないこととなるため、「自由権」の実現は非常に困難になります。参政権の一例としては、**選挙権**があります。選挙によって国会議員が選ばれ、立法府である国会が構成されます。次に、国会議員のうちから行政府たる内閣が構成されます。そして、行政府たる内閣より司法府の人員任命が行われます。これらの起点となる選挙に参加する権利を保障することで、すべての国民が政治に参加していることになるのです。

社会権とは、**「社会や、国家の理念の下に、個人の生存、生活の維持発展に必要な諸条件の確保を国家に要求する権利」**のことです。国家に対して、諸条件を要求する権利なので、国家機能を制限する自由権とは正反対のものと位置づけられます。

社会権は、参政権などと違い、それ自体が何かをする効力をもちません。国家に対して実施を義務付けるものであり、その実施は立法を通じて具現化されます。代表的なものは**生存権、教育を受ける権利、勤労の権利、労働基本権**が挙げられます。

とはいっても、無制限に「人権」を認めてしまうと、他者の権利をかえって侵害してしまうこともありえます。そういった意味では、国家としては憲法の許す範囲で、ある程度「人権」に制限をかける必要があるともいえます。

2. 人権と公共の福祉

憲法　第12条
この憲法が国民に保障する自由及び権利は、国民の不断の努力によつて、これを保持しなければならない。又、国民は、これを濫用してはならないのであつて、常に公共の福祉のためにこれを利用する責任を負ふ。

憲法　第13条
すべて国民は、個人として尊重される。生命、自由及び幸福追求に対する国民の権利については、公共の福祉に反しない限り、立法その他の国政の上で、最大の尊重を必要とする。

先に述べたように、人権はある程度制限をされる必要があります。これを憲法は**「公共の福祉」**と表現しています。ここでいう「公共の福祉」とは**「個々の人間の個別利益を超えたり、個別利益を制約したりする機能をもつ公共的利益や社会全体の利益」**のことをいいます。簡単に言い換えれば、ある人が受けるメリット以上に社会的にメリットがあること、といえます。

他方、「公共の福祉」の捉え方によっては、国家の権力が必要以上に発揮されることにつながりかねないのです。「みんなのため」といえば聞こえはいいですが、そこには法律のような厳格な規律はありませんし、「みんなのため」ということをどこまで許容するかは、時勢によって変わります。この時勢の変化に対応するためには、問題に直面する都度、憲法に対する「解釈」を当てはめていくよりないでしょう。

2020年に流行した新型コロナウイルスなどに対する対策などを定めた法律である、新型インフルエンザ等対策特別措置法は、外出や営業などに制限をかける法律であり、まさにこの「公共の福祉」と「自由」のせめぎ合いといえるでしょう。新型インフルエンザ等対策特別措置法の中でも、こうした制限については、必要最小限とすべき旨が条文化されています。

新型インフルエンザ等対策特別措置法　第５条
国民の自由と権利が尊重されるべきことに鑑み、新型インフルエンザ等対策を実施する場合において、国民の自由と権利に制限が加えられるときであっても、その制限は当該新型インフルエンザ等対策を実施するため必要最小限のものでなければならない。

このように「公共の福祉」が優先される場合であっても、「自由」には最大限の配慮をする必要があるということです。

３．違憲の判断基準

それでは、違憲かどうかを判断する際に基準となるのはどのような考え方でしょうか。この違憲かどうかを判断するための基準のことを**「違憲審査基準」**といいます。

違憲審査基準の考え方はとても細かいものですが、あまりに細かいので、ここではベースとなる**「二重の基準説」**のみをご紹介します。「二重の基準説」は、アメリカで発展した考え方です。

その内容は、まず経済的自由と精神的自由を区別します。**「精神的自由」**とは基本的人権のうちの自由権のうち精神的自由にかかるものをいい、例としては、**「思想および良心の自由」**、**「信教の自由」**、**「集会・結社及び表現の自由」「学問の自由」**がこれにあたります。この精神的自由は個人の人格的尊厳と民主主義の存在の基本となるものであることから、最も尊重されるべきであるものとされています。
他方**「経済的自由」**とは、人の経済生活、経済活動、財産にかかわる自由権を総称します。**「居住・移転・移住の自由」**、**「職業選択の自由」**、**「財産権の保障」**などがこれに含まれます。

「合憲性の推定」とは、**裁判所が法律の合憲か違憲かを判断するにあたって、国民の代表者からなる国会が制定した法律は一般に合憲であるという前提で判断し、明白な憲法違反でなければ合憲である**とする考え方のことをいいます。

これらの用語を確認した上で、「二重の基準説」を理解していきましょう。二重の基準説において、**精神的自由は、人権の中でも優越的地位にあるものとして、精神的自由を規制する立法には合憲性の推定が行われません。したがって、厳格な基準により判断されます。**一方で**経済的自由については、合憲性の推定が認められ、比較的緩やかな基準で判断される、**というものです。

第３章

行政法の基礎知識

01 法律による行政の原理

1．法律の法規創造力

この章では「行政法」を見ていきます。「行政法」とは一般的な六法（憲法、民法、商法、刑法、刑事訴訟法、民事訴訟法）の表にはでてきませんが、行政の組織及び作用に関する国内公法の総称をいいます。

日本には**「法律による行政」**という、**「行政は法律に基づいて、かつ、法律に従って行われなければならないという原則」**があります。これは一般的に、「国民の権利又は自由を侵害する行政作用については必ず法律の根拠を必要とする」という趣旨のものです。

「法律による行政」には３つの原則があるといわれ、そのうちの１つ目は**「法律の法規創造力」**といわれます。これは、**「法律によってのみ人の権利義務を左右する法規を創造しうること」**を意味するものです。（諸説ありますが、ここではこの解釈を採用しています。）

他方、明治時代の大日本帝国憲法下においては、天皇の緊急勅令により法律に代わる勅令を発することが可能だ、とされていました。緊急勅令とは、大日本帝国憲法８条に定めがあり、天皇は公共の安全を保持または災厄を回避する場合には法律に代わる勅令を発することができる、というものです。この点において、明治時代は「法律によってのみ」とは言えない状態でした。

ただし現在の憲法では、法律の法規創造力の原則は先に述べた憲法 41 条において、明示的に承認されているといえます。

2．法律の優位

「法律による行政」の３つの原則の２つ目が、**「法律の優位」**と呼ばれるもので、**「法律は命令他、法形式で定められた法規に優越する効力をもつこと」**です。憲法の下においては、法律として示された国家意思が、他の形式で示されたすべての国家意思に優越し、法律の改廃は法律でのみ行えることになります。当然、法律に反する命令他、法形式による法規はすべて否定されます。

これは国民の意思を反映した国会が唯一の立法機関であることに基づいてしているといえます。

3. 法律の留保

「法律による行政」の3つ目の原則である**「法律の留保」**とは、**「法律の根拠がなければ、行政権は発動できないこと」**をいいます。これは、国会のみが規律することのできる事項を画定し、国会と行政府の機能分担を明確にしようとするもので、権力分立の原則（＝三権分立）を基礎としています。また、行政活動について、国民からの選挙によって構成される国会の事前承認（＝法の創造）を必要とすることによって、国民の自由権利を保護する（＝合憲性の推定などによる）目的もあります。

「法律による行政の原理」の対象となる法の類型としては「組織規範」「根拠規範」「規制規範」があり、それぞれ次のように区分されます。

組織規範	どのような行政機関を設けるか、行政事務を各行政機関にいかに配分するか、各行政機関の組織をいかに定めるか等を内容とする。
根拠規範	組織規範が定める管轄事務の範囲内において、行政機関の具体的な活動を議会が事前承認し、その実体的要件・効果を定めたもの。
規制規範	行政作用のあり方を規制する規範。手続き義務を定めたりする規範。（審査基準の公開など。）

このうち**「法律の留保」の原則によって必要とされるのは、「根拠規範」**です。そもそも、「法律の留保」は「行政活動について、国民の選挙によって構成される国会の事前承認を必要とすることによって、国民の自由権利を保護する」ことが目的であるのですから、根拠規範については、国会で制定される法律による根拠を要求します。

一方で、組織規範、規制規範は**単なるルールや手続きの内容を定めるものにすぎません**から、国民が有する権利を直接侵害するものではありません。したがって、この2つの規範は法律の留保の対象となりません。

根拠規範については法律による根拠が必要とのべましたが、すると「法律の留保」の及ぶ範囲、すなわち根拠規範を必要とする行政権の範囲がどこまでか、という問題がでてきます。どの行政権に対して根拠規範を要求して、どの行政権に対して根拠規範を要求しなくてよいのか、という問題です。

全てについて法律で行政権を定めることとすると、とても量が多くなってしまうため、非常に困難です。諸説あるものの、現在は**「侵害留保説」**という考え方が主流です。

この侵害留保説の基本的な考え方は**「国民に義務を課したり、国民の権利を制限したりする侵害的な行政作用については、法律の根拠を必要とし、そうでないものは法律の根拠を要しない」**とするものです。

例えば、単に補助金を交付したり、勲章や栄典の授与をしたりすることが、法律の根拠なく行われていることなどは侵害留保説を背景としているものといえます。

駆け足で走ってきてしまいましたが、次に「組織規範」「根拠規範」「規則規範」の具体例を見てみましょう。

＜組織規範＞

警察法　第１条
　この法律は、個人の権利と自由を保護し、公共の安全と秩序を維持するため、民主的理念を基調とする警察の管理と運営を保障し、且つ、能率的にその任務を遂行するに足る警察の組織を定めることを目的とする。

「警察の組織を定める目的」である旨、はっきり記述されていますね。

＜根拠規範＞

警察官職務執行法　第１条
　この法律は、警察官が警察法（昭和二十九年法律第百六十二号）に規定する個人の生命、身体及び財産の保護、犯罪の予防、公安の維持並びに他の法令の執行等の職権職務を忠実に遂行するために、必要な手段を定めることを目的とする。

　この法律に規定する手段は、前項の目的のため必要な最小の限度において用いるべきものであつて、いやしくもその濫用にわたるようなことがあつてはならない。

警察官の職務には規制を加えたり、他人の権利侵害をするものが少なくありません。そのため、根拠規範である警察官職務執行法が制定されています。これも侵害留保説に基づくものといえるでしょう。

<規制規範>

行政手続法　第１条１項 　この法律は、処分、行政指導及び届出に関する手続並びに命令等を定める手続に関し、共通する事項を定めることによって、行政運営における公正の確保と透明性（行政上の意思決定について、その内容及び過程が国民にとって明らかであることをいう。第四十六条において同じ。）の向上を図り、もって国民の権利利益の保護に資することを目的とする。

　具体的に制限を設けるわけではなく、あくまで手続き上の共通事項を定める法として成立していますね。

02 権利濫用の禁止

１．権利の濫用

第 2 章で、行政権はあえてあいまいに定義されている、と述べました。行政のすべてを法的に拘束することは不可能です。そのため、行政機関の専門的知識を尊重して判断を委ねたり、その政策的な判断を尊重したりしたほうが法目的の実現にとって望ましいこともあります。ここに行政活動を一義的に法令で拘束しない理由があります。

そこで、行政機関に根拠法令の解釈適用につき、判断の余地が認められることになります。これを**「行政裁量」**といいます。ただし、この行政裁量を無制限に認めてしまうと、やはり権利の侵害が発生することになります。民法には以下の定めがあります。

民法　第１条３項 　権利の濫用は、これを許さない。

民法は私権整理のための法律ですね。行き過ぎた行政裁量の行使は、この民法 1 条 3 項に抵触してしまう恐れがあります。これを民法の条文に書いてある通り、**「権利の濫用」**といいます。

この権利の濫用については「外形上は権利の行使のように見えるけれども、実際には権利の行使として許される限度を超えており、権利の行使は認められない場合をいう」とされています。

2．具体的事例

権利の濫用については具体的事例を見ていったほうがわかりやすいと思われるので、具体的事例を検討していきましょう。

＜具体的事例＞

X 社は**風俗店（営業にあたっては行政の認可が必要）**を開始しようとして、**そのための土地を取得し、建築確認申請を行うなど着々と準備を進めていました。**しかし、建築確認申請を行うあたりから、**地域住民による反対運動が活発化し、県や町はその事業を阻止しようとしました。**

そこで、近隣に**児童遊園がある場合、風俗店の営業許可を出さない、とする法律の利用を図り、急ぎ町は近隣に児童遊園の設置条例を制定し、県に対してその児童遊園の認可申請を出しました。**（異例のスピードでの提出となっています。）児童遊園の認可が先行したことから、X 社が設置した風俗店は営業停止処分を受けるなどさまざまな処分を受けました。

当然この処分に対して X 社は怒ってしまい、損害賠償を求め、裁判となりました。

＜裁判所の判断＞

児童遊園の認可は**行政権の著しい濫用によるものとして違法**であり、かつ、X 社の損害賠償請求も認容すべきである。

＜補足＞

この裁判結果となったことについて、原審（この判決の元になった下級審の裁判）では次の理由が挙げられています。

・児童遊園を早急に設置する必要性が認められなかったこと。
・後追いで児童遊園をつくって当該風俗店の営業を禁止することは、そもそも法律が予定していないこと。
・すでに X 社は相当の資金を投下していたこと。　（内容要約）

（最高裁判所　昭和 53 年 5 月 26 日　判決　参考）

六法

第 4 章

民法の基礎知識

01 民法の定めるもの

１．民法とは

本章は**「民法」**について学んでいきます。

みなさん、「民法」というと何を思い浮かべるでしょうか？

・弁護士先生の取り扱っているよくわからないもの？
・どうせ法律は難しいから、私たちには関係ないもの？

などでしょうか？

いえいえ、そんなことはありません。実は、「民法」はみなさんの日常に非常に密接にかかわってくるとても大事な法律です。もちろん、このテキストではすべてを解説することはできませんが、民法の入口を理解しながら、実生活のどんなところに影響しているか、を感じ取っていただけたらと思います。

２．民法の定めるもの

まず民法が定めている内容の大枠を図示すると次の通りとなります。

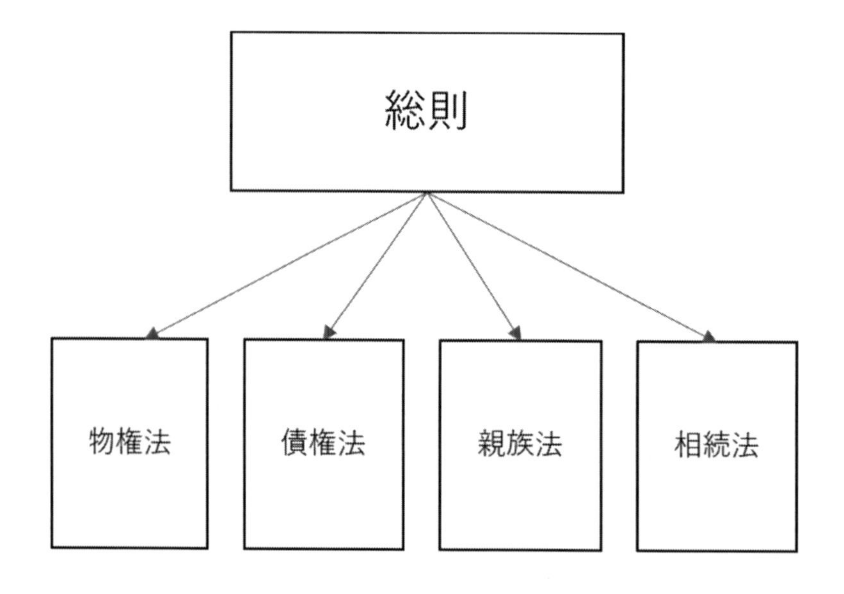

民法は**「5つの編」**から成り、第1編が**「総則」**、第2編が**「物権」**、第3編が**「債権」**、第4編が**「親族」**、第5編が**「相続」**という構成となっています。（本来は民法の中の分野で「○○法」という言い方はしていませんが、前頁の図の中では、あくまで「法律である」ということをわかりやすくするため、「○○法」という記載をしています。）

それぞれの編には次のようなことが書かれています。

「総則」・・・民法全体について共通のルールが記載されています。「総則」に記載されていることは民法全体に影響を及ぼします。 「物権」・・・「所有権」や「抵当権」など。 モノに対する権利に対しての定めをしています。 「債権」・・・「債権」や「債務」についての定めをしています。ここでいう「債権」や「債務」はお金の話に限定されません。 「親族」・・・「結婚」（法律上は「婚姻」といいます。）や「離婚」「親子」など家族や親族に関する定めをしています。 「相続」・・・「遺言」や「法定相続（遺言がなかった場合の相続）」や「遺留分」などに関する定めをしています。

たとえば、どのような内容が記載されているか、一部ではありますが、具体的にみていきましょう。

まず、「総則」です。

民法　第4条 年齢二十歳をもって、成年とする。

民法では、成年でなければできないこと、未成年には制限をかけていることなどが、たくさんあります。責任能力という観点から見れば、未成年では責任の取り切れないこともたくさんあるため、必然といえるでしょう。年齢による制限をかける必要は特に多岐にわたるため、その前提となる成年の年齢は「総則」で定めているのです。

次に、「物権」です。

民法　第206条 所有者は、法令の制限内において、自由にその所有物の使用、収益及び処分をする権利を有する。

これは「物権」の中の「所有権」というところに記載されている内容です。所有権は「モノの所有に関する権利」のことです。モノを持っている者は、「法律の許す範囲内において」そ

れを自由に使っていいし、処分してもいいですよ、ということです。この「法律の許す範囲内において」というところがポイントで、世の中では、さまざまな制限が加えられています。たとえば農地の売買などは、食料自給率の確保の観点から一定の制限が加えられていたりします（農地法という法律があります）。こういった、モノに対する権利を調整する役割を有するのが「物権」という分野になります。

続いて、「債権」です。

民法　第399条 　債権は、金銭に見積もることができないものであっても、その目的とすることができる。

民法399条には、債権の定義について書かれています。「債権」というものは社会的には金銭債権などのようにお金に関することを示すことが多いのですが、法律上は「債権」というものは金銭に限りませんよ、ということが書かれています。

例えば、「会社が従業員に給与を先払いで払った場合」において、従業員に対して労働をしてもらう権利を有します。これも「債権」となります。債権の反対を**「債務」**と呼びます。

この場合は、「従業員側から労働をしなければならない義務」が「債務」となります。

4つ目は、「親族」です。

民法　第725条 次に掲げる者は、親族とする。 一　六親等内の血族 二　配偶者 三　三親等内の姻族

民法725条には「法律上の親族」について書かれています。みなさん、親族というとどこまでを思い浮かべますか。おじいさんでしょうか。それとも、おじさんでしょうか。このあたりが感覚的になってしまうと、人によって判断が異なってしまい、「親族」のルールを法律でどれだけ決めても、親族に関する法律の運用がうまくいきません。

そのため、民法第725条はこの「親族」という範囲を具体的に定めることによって、その運用を明確にする役割を担っているのです。

最後は「相続」です。

民法　第887条1項 　被相続人の子は、相続人となる。

相続（親族の死亡によって財産権を承継すること）の発生によって、誰が相続するかを決め

います。誰かが死亡した場合にその財産を誰が承継するか、すなわち誰にその権利があるか、ということは非常に重要な話です。その順番を民法 887 条 1 項、その他の条項で定めています。

このテキストではその内容をすべて説明することはできませんが、大枠を理解していただければと思います。

3. 公示の原則

「物権」の発生、変更および消滅全般を指す言葉を総称して**「物権変動」**といいます。そして、この物権変動を他者に示すことを**「公示」**といいます。

物権変動を第三者に主張するためには「公示方法」を備える必要があります。わかりやすくいうと**「物権の変動を伝えるためにはその事実をオープンにする必要がある。」**ということです。

不動産（土地、建物等）を例にとってみてみましょう。

> 民法　第 177 条
> 　不動産に関する物権の得喪及び変更は、不動産登記法（平成十六年法律第百二十三号）その他の登記に関する法律の定めるところに従いその登記をしなければ、第三者に対抗することができない。

不動産の物件変動の公示は**「登記によらなければいけない。」**旨が定められています。

一方、動産（不動産以外のもの）は次のようになっています。

> 民法　第 178 条
> 　動産に関する物権の譲渡は、その動産の引渡しがなければ、第三者に対抗することができない。

動産の場合はきちんと**相手方から引き渡しを受けて**いないと、所有権（喪失した場合も含む）の変動を主張できませんよ、ということが定められています。

02 民法上の「権利」と「義務」

1．民法上の権利主体と取得喪失

民法上、権利義務の主体となることができる資格を**「権利能力」**といいますが、この権利能力を有するものは「自然人（＝人間である個人）」と「法人」に限られます。（状況によっては「団体」も権利義務の主体となりうる可能性があります。）

では、自然人の場合はいつ、権利能力を取得するのでしょうか。

民法 第３条１項 私権の享有は、出生に始まる。

民法３条には「人としての権利は生まれたときに始まりますよ。」という内容があります。たとえば、「人には権利があります。」というルールがあったとしても、そもそも「人として権利を与えるのはいつか。」という前提がなければ、ルールの運用のしようがありませんね。そのため、ルールの運用の前提となる内容が必要となるのです。総則はこういった内容を中心に定めています。ここでは「人としての権利は生まれたとき（お母さんのおなかからでてきたとき）」に発生しますと定めています。したがって、厳密にはおなかの中の赤ちゃんは「権利は存在しない」ということになります。（一部別の法令の規定による例外があります。）

一方、自然人の権利能力は死亡によって消滅します。医学の発達により、死亡の定義をどうするかについては議論があります。

また、法人は生死の概念がありませんから、法人の創立、消滅をもって権利能力の取得喪失が決まります。

2．民法上の義務

タイトルは「義務」となっていますが、権利と義務は対義語になります。まずは「権利」の意味を明確に押さえておきましょう。

「権利」＝一定の利益を請求、主張し、享受することができる法律上正当に認められた力

ここでは、「法律上正当に認められた」ということが重要になります。つまり、民法に定められている権利というものは、もし権利があるにもかかわらず、それが実現されない場合、裁判所の力によって強制することができる、という意味を有します。

逆に「義務」については、もしその「義務」を果たさない場合、裁判所の力によって強制執行されてしまう可能性がある、ということになります

逆に、なぜ裁判所の力を借りて「権利」の実現、または「義務」の履行を求めるのでしょうか。それは、現代において「自身の力を行使して解決すること」が禁じられているからに他なりません。もし、それが容認されてしまうと、やりたい放題になってしまい、秩序の維持が不可能になってしまうためです。

03 民法に定める契約

1．契約の締結および内容の自由

民法には**「私的自治の原則」**という大原則があります。

私的自治の原則とは、**「個人の私法関係をその意思によって自由に規律させること」**をいい、近代私法の理念です。わかりやすく言えば、「契約など（の法律関係手続）は各人の自由である。」ということが前提となっています。

直接的に私的自治の原則そのものは明文化されていませんが、考え方は民法の条文にも如実に表れています。

> 民法　第521条
> 何人も、法令に特別の定めがある場合を除き、**契約をするかどうかを自由に決定することができる。**
> 2　契約の当事者は、法令の制限内において、**契約の内容を自由に決定することができる。**

民法521条においては、契約するかどうか、契約の内容について、自由に決めてよい、と述べています。

2．契約の成立と方式

契約の成立については、次のように定めています。

> 民法　第522条
> 契約は、契約の内容を示してその締結を申し入れる意思表示（以下「申込み」という。）に対して相手方が承諾をしたときに成立する。
> 2　契約の成立には、法令に特別の定めがある場合を除き、書面の作成その他の方式を具備することを要しない。

ここにおいては**「契約」**は**「申し入れる意思表示」**と**「承諾」**によって成立すると書いてあります。

次の問題を考えてみましょう。

「口約束」は契約か否か？

あくまで「契約」は「意思表示」と「承諾」によって成立するとされており、また、「法令の定め」がなければ「書面の作成」ですら不要とされ、すなわち口約束であっても申し入れと承諾が成立していれば、有効といえるのです。

契約には「意思表示が必要」と述べました。では「意思表示」とはどのようなものをいうのでしょうか。意思表示には２つの類型があります。

「意思主義」＝「意思表示」をする人が考えていることを重視する。
「表示主義」＝「意思表示」をした結果を重視する。

たとえば、車を 50 万円で売ろうとしていた人が誤って 10 万円と書いた売買契約書にサインをしてしまいました。**意思主義によれば、50 万円で売ろうとしていたのに 10 万円でサインをしてしまったので間違えた、として無効を主張する**ことになります。一方で**表示主義によれば、「表示した結果がすべて」なので、契約を取り消すことはできません。**

しかし、「意思」の内容は人には見えません。これを**安易に信用してしまって無効を認めてしまうと、簡単に契約を無効にすることができ**てしまいます。そうなるとみなさん安心して取引できませんね。そのため民法は**表示に対する信頼の保護を必要**としています。

ただし、間違いが一切認められないわけではありません。

民法　第 95 条
意思表示は、次に掲げる錯誤に基づくものであって、その錯誤が法律行為の目的及び取引上の社会通念に照らして重要なものであるときは、取り消すことができる。
一　**意思表示に対応する意思を欠く錯誤**
二　表意者が**法律行為の基礎とした事情についてのその認識が真実に反する錯誤**
2　前項第二号の規定による意思表示の取消しは、その事情が法律行為の基礎とされていることが表示されていたときに限り、することができる。
3　錯誤が表意者の重大な過失によるものであった場合には、次に掲げる場合を除き、第一項の規定による意思表示の取消しをすることができない。
一　相手方が表意者に錯誤があることを知り、又は重大な過失によって知らなかったとき。
二　相手方が表意者と同一の錯誤に陥っていたとき。
4　第一項の規定による意思表示の取消しは、善意でかつ過失がない第三者に対抗することができない。

契約を無効とできる**「錯誤」**（誤り＝間違いのことです。）には条件が定められています。民法 95 条は少し言葉が難しいですね。なので、言葉を簡単にしてみます。

1．意思表示を間違えた場合。
2．判断のベースとなった認識が事実と異なる場合（例えば、A さんのものと聞いていたが B さんのものだった、というような場合。ただしその事実がオープンになっていないといけない）。
3．重大な過失があった場合には「取り消せない」。
4．たとえ意思表示を間違えた場合であっても、「何も知らないで取引した人には対抗できない」。

ここでのキーポイントは**「重大な過失」**です。**「重大な過失」**は取引当事者に「非がある」とはっきり認められる場合があります。「非がある」場合とはどのようなものか例を挙げていうと、

・単純な確認不足など（契約書の文面をよく読まなかった）
・単純な書き間違い（金額を書き間違えた）

などがあります。

3．無効となる法律行為

先の民法 521 条を再び、よく読んでみてください。「契約するかどうか」「内容をどうするか」は自由にしてよい、と述べている一方で、契約は「法令の制限内において」自由にその行為をするかしないか、その内容を自由に決めていいですよ、といっています。この制限はとても重要で、「私的自治の原則」により契約の自由を求めた場合に、もし「法令の制限」がなかったとすると、窃盗など違法行為ですら契約が成立してしまうこととなり、非常に危険なこととなります。そのため民法で「総則」において次の事項を定めています。

民法　第 90 条
　公の秩序又は善良の風俗に反する法律行為は、無効とする。

「公の秩序又は善良の風俗」について、それぞれのキーワードは次のことを意味します。

公の秩序　＝国家、社会の秩序ないし、一般的利益
善良の風俗＝社会の一般的道徳観

この２つの要素をまとめて、公序良俗といいますが、この公序良俗に反する契約は無効ですよ、と民法 90 条は述べています。これは「自由」を求めるあまり、「みんなの幸せ＝公共の福祉」を阻害しないために必要なのです。

公序良俗に反するものとしては次のことが挙げられます。

1．犯罪契約
2．性道徳に反する契約
3．賭博行為
4．憲法に触れるような契約、行為

この辺りは皆さんの常識と大差ないと思います。

さて、この章では民法を学んできました。どうでしたでしょうか？「民法」は生活に関する取引や所有権の移動、家族などの親族に関する定めなど、皆さんの日常に非常に近い法律で、条文数もかなり多いうえ、判断が難しいケースも多数です。ここではその内容の一部に触れただけですが、重要な部分を見てきたことで、少しでも民法を身近に感じてもらえたらと思います。

第５章

刑法の基礎知識

01 刑法の目的

1．法益とは？

この章では**「刑法」**という法律を学びます。すべての人が、名前くらいは聞いたことがあるかと思いますが、中身はよくわからないという方も多いかと思います。「刑法」を勉強するにあたって、まず「刑法」の内容を確認していきましょう。

「刑法」とは**「どのような行為が犯罪となるか、それに対して、どのような刑罰が科せられるかを定めた基本法典」**のことをいいます。そして刑法は「犯罪」を罰するための規定です。「犯罪」という言葉の正確な定義もあわせて確認しておきましょう。

犯罪とは

刑罰法規（刑法の直接的な法規および、その他の法律でも処せられる刑罰）によって可罰的とされる行為（罰を与えるに足る行為）

のことをいいます。裏返しのようですが、
「罰せられるほど悪いこと」＝「犯罪」
「犯罪行為をした場合」＝「刑罰が与えられる」
として認識していただくとよいと思います。

刑法がもしなかったらどうでしょうか。力ある人が社会の意思に反して、力を振りかざしたとしても、誰も制裁を与えることができないことになってしまいます。刑法は**社会の意思に反した力の行使について、刑罰を科するということを法律で定めることにより、国民の社会生活の維持に貢献する機能を有します。**

むずかしくいってしまいましたが、「悪いことをしたら刑罰を科します」ということを法律によりルール化することにより、秩序を維持する機能を持たせている、と理解してもらえれば良いと思います。

刑法のこのような機能を「保護法益」といいます。

「保護法益」＝「法によって保護される国家的、社会的、個人的な利益」

刑法上、犯罪は法益の侵害をそれぞれの核心として構成されている、とされています。

2. 自由保障機能

刑法のもう一つの役割として**「自由保障機能」**があります(「人権保障機能」ともいいます)。これは刑法で他人の身体や財産の侵害となるラインを犯罪として明確に定めることにより、**「その行為をしなければ、刑罰は科せられない」「仮に刑罰を科せられる行為をしてもその刑罰はルールに定められた範囲内です。」**という安全ラインを示すことにもつながる、という機能です。

すこし具体例で検討しましょう。

例えばAさんが強盗事件を起こしたとします。そのAさんが起こした強盗事件について、Bさんは証拠隠滅をすることにより、手助けをしました。AさんとBさんは逮捕され、Aさんには「10年の懲役」が言い渡されました。

世間はBさんについても「証拠隠滅によって手助けをしたのだから、Aさんと同様の刑罰を与えなさい。」という風潮です。この場合、Bさんは「10年の懲役」を言い渡されるでしょうか。

答えはNOです。証拠隠滅に関する刑罰は刑法104条に定められています。刑法104条の中で証拠隠滅は最大で懲役3年(または罰金刑)であると定められているため、証拠隠滅の罪では懲役10年を言い渡すことは不可能なのです。

> 刑法　第104条
> 他人の刑事事件に関する証拠を隠滅し、偽造し、若しくは変造し、又は偽造若しくは変造の証拠を使用した者は、三年以下の懲役又は三十万円以下の罰金に処する。

おわかりいただけるでしょうか。法令では「証拠隠滅」は確かに罪であるものの、懲役3年以上の刑は与えられないということになります。(もっとも現代社会においては実刑判決そのものによって非常に大きな社会的打撃をうけることになりますが。)

このように、刑法は逆にいえば、法に定められた以上の刑罰は与えられない、そもそも刑罰に定められた行為をしなければ刑罰を科されない、ということを明確に定め、みなさんの「自由」を「保障」しているのです。

02 犯罪成立までのステップ：感情で犯罪は成立しない

１．犯罪成立の条件

一般的に犯罪は**「構成要件に該当する行為で、違法かつ有責な行為であること。」**とされています。このことから、犯罪成立までには**「構成要件」「違法」「有責」**という３つのステップがあるといえます。

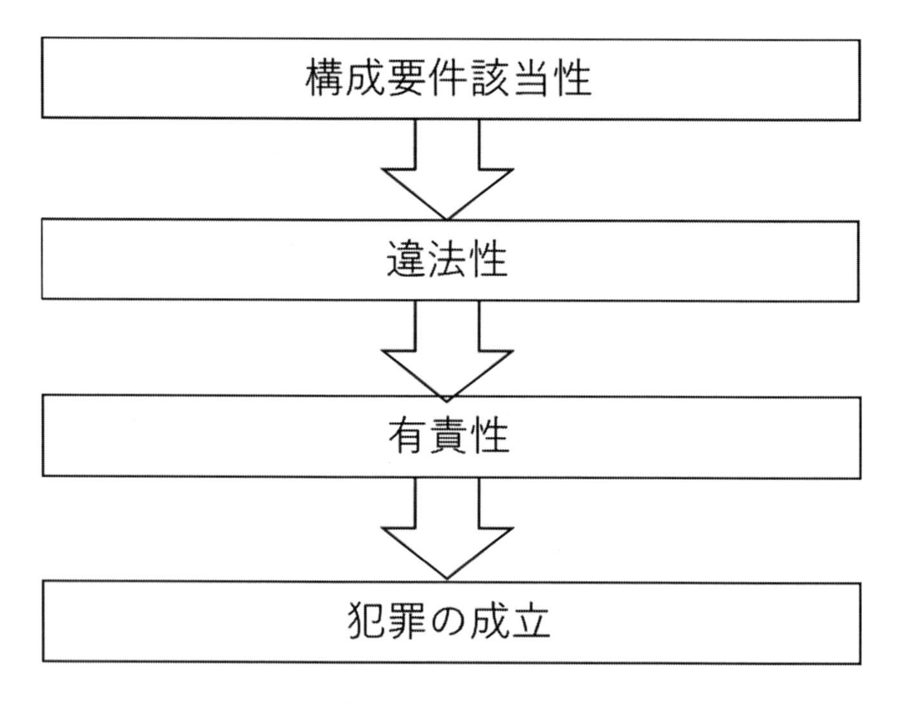

図表４：犯罪の成立まで

なんだか難しいですね。まず「構成要件」とは何でしょうか。**「構成要件」**とは、犯罪定型として**法律に規定された違法・有責な行為の定型**のことをいいます。

つまり、法律上定義されている「行為」に「該当」することが犯罪成立のための条件となります。例えば、A さんが B さんに対して、口論になった末、パンチをしてケガをさせたら（事例1）どうなるでしょうか。

刑法　第204条
人の身体を傷害した者は、十五年以下の懲役又は五十万円以下の罰金に処する。

刑法 204 条により傷害罪が適用され、刑罰を科されることとなります。

次に**「違法性」**です。「違法性」とは一般に**「人の行為又は状態が法に違反していること」**をいいます。では、「B さんが先に首を絞めようととびかかってきたので、やむをえず A さんは B さんにパンチをして、ケガをさせた。結果として A さんは、首を絞められずに済んだ。」（事例２）としたらどうなるでしょうか。

（事例２）の場合は「正当防衛」が成立するとした場合、刑法第 204 条による違法性が問われないことになります。なお「正当防衛」については刑法に定めがあります。

刑法　第36条1項、2項
急迫（きゅうはく）不正の侵害に対して、自己又は他人の権利を防衛するため、やむを得ずにした行為は、罰しない。 2　防衛の程度を超えた行為は、情状により、その刑を減軽し、又は免除することができる。

このような場合、「違法性がない（法律において容認される）」ということになります。ただし（事例２）の場合は、刑法 204 条による**「構成要件」は成立している、といえるのです。**逆に、「ただ、口論でケンカになり、パンチしてしまった」という（事例１）の場合は**「違法性がある」**となるのです。

最後は**「有責性」**です。「有責性」とは、文言そのままですが**「刑法上、責任があること」**をいいます。この責任の要素としては**「故意」「過失」「期待可能性」「責任能力」**などがあります。

一番わかりやすいのが、「責任能力」でしょう。次の事例を検討してみます。
A さんが B さんにパンチしてしまった。しかし、A さんは重度の障害をかかえており、自身のすべての行動を自分で判断できない状態であった。（事例３）

刑法　第39条
心神喪失者の行為は、罰しない。
2　心神耗弱者の行為は、その刑を減軽する。

この場合Aさんは「重度の障害により、自身のすべての行動を自分で判断できない」状態だったので、この心神喪失者に該当することになり、刑罰の対象外となります。よくニュースなどで、逮捕された人が精神鑑定を受ける、という話をききませんでしょうか。

これは、逮捕された人が「心神喪失の状態でないか」ということを確認し「責任能力」の有無を判断するために行うのです。

「故意」についても見ておきましょう。

刑法　第38条
罪を犯す意思がない行為は、罰しない。ただし、法律に特別の規定がある場合は、この限りでない。
2　重い罪に当たるべき行為をしたのに、行為の時にその重い罪に当たることとなる事実を知らなかった者は、その重い罪によって処断することはできない。
3　法律を知らなかったとしても、そのことによって、罪を犯す意思がなかったとすることはできない。ただし、情状により、その刑を減軽することができる。

刑法でいうところの「故意」とは**「罪となる事実を認識し、かつ、その実現を意図または認容すること」です。**ここで重要になるのは「その行為をすることの意思」です。重要なのは「意思」であり、そのため「知らなかった」ということで刑を免れることはできません。しかしながら、本当にだまされただけ、というようなことも実際にあり、全く情状を考慮しないということがふさわしくない局面もあり得ます。そのため、情状による減刑もあわせてルール化しています。

ここまで述べてきたように刑罰を科するためには、相当に厳格な手続きが必要で、安易に刑罰を科することはできないようになっています。その結果「自由保障機能」が守られていることが理解できると思います。

2. 書いていない要件では罰せない

先に述べたこと（「自由保障機能」）を逆の視点から見ますと、書いていない要件では刑罰を科すことができない、ということになります。したがって、刑罰を科すためには法令上定められた構成要件に該当する必要があります。

刑法ではありませんが、同様の処罰規定を参考にみなさんも記憶に新しい「あおり運転」の事例を取り上げてみたいと思います。この事例では衝突の直前に数分間の車両の停止時間がありました。

もともと「あおり運転」という行為はどの法律にも定義されていませんでした。ただ、実際に「あおり運転」を原因として事故を起こした場合においては、何らかの刑罰を科する法令に当てはめてその構成要件を満たすかどうか検討する必要があります。

そこで、検察は次の法律を適用して、構成要件の該当性を主張しました。

自動車の運転により人を死傷させる行為等の処罰に関する法律　第２条、第２条４号

次に掲げる行為を行い、よって、人を負傷させた者は**十五年以下の懲役**に処し、人を死亡させた者は**一年以上の有期懲役に処する。**

（中略）

四　**人又は車の通行を妨害する目的で**、走行中の自動車の直前に進入し、その他通行中の人又は車に著しく接近し、かつ、重大な交通の危険を生じさせる速度で自動車を運転する行為

危険運転致死傷罪の最大のポイントは**「人を死亡させた時の有期刑について上限が定められていない」**点です。傷害は**「15年以下」**と書いてあるのですが、死亡の場合は**「1年以上」**としか書いてありません。

検察側が主張した危険運転致死傷罪の場合の構成要件は、「人または車の通行を妨害する行為」と「その行為による人の死傷」が条件となります。数分間の停止時間もあわせて一連の行為ととらえ、検察は、「あおり運転の結果」として「死傷」があったと主張したのです。

一方被告は、数分間の停止時間がある以上、「あおり運転」と「死傷」には因果関係がない、と主張したのです。もし被告の主張が認められた場合、危険運転致死傷罪では刑罰を科することができず、別の刑罰規定が必要になるのです。その他検討されていた刑罰規定はいずれも懲役３年以下の刑罰を科するとされていました。そのため、危険運転致死傷罪が適用されなかった場合は最大でも懲役３年ということになります。

結論として、地方裁判所では停止時間があったとしても、「あおり運転」と「死傷」の因果関係を認め、懲役18年という結論となりました。なお、この事例はそもそもの量刑の決定手続きに不備があったという点で、構成要件該当性は否定されなかったものの、高等裁判所で差し戻し審となっております。実際には「速度要件」など細かい検討がされているのですが、全体を理解していただく目的で事例を出していますので、概要を整理するにとどめます。

補足ではありますが、このように、「あおり運転」という行為を直接処罰する規定がないこと、危険性の認識が高まったことから、法令改正がなされ「あおり運転」に対して直接刑罰を科する法令が作成されました。

> 改正道路交通法（令和２年６月30日施行）　第117条の２
> 　次の各号のいずれかに該当する者は、五年以下の懲役又は百万円以下の罰金に処する。
> 六　次条第十一号の罪を犯し、よって高速自動車道等において、他の自動車を停止させ、その他道路における著しい交通の危険を生じさせた者

> 改正道路交通法（令和２年６月30日施行）　第117条の２の２
> 　次の各号のいずれかに該当する者は、三年以下の懲役又は五十万円以下の罰金に処する。
> 十一　他の車両等の通行を妨害する目的で、次のいずれかに掲げる行為であつて、当該他の車両等に道路における交通の危険を生じさせるおそれのある方法によるものをした者
> （以下　略）

要件を確認してみると高速道路における危険の運転について、より厳しくなっていることが理解できると思います。

03 正当防衛

1．正当防衛の成立要件

正当防衛の法令を改めて読んでみましょう。

> 刑法　第36条
> 急迫(きゅうはく)不正の侵害に対して、自己又は他人の権利を防衛するため、やむを得ずにした行為は、罰しない。
> 2　防衛の程度を超えた行為は、情状により、その刑を減軽し、又は免除することができる。

まず、「急迫不正の侵害」ということが条件とされています。「急迫不正の侵害」とは**「今、目の前に、違法な法益侵害が現に存在しているか、迫っているか」**ということです。したがって、**「今、自身の命が危ない」**といったような、よほどのことがない限り、「正当防衛」は認められないという前提がある点に留意が必要です。「過去、自身の命が危なかった」というような状況ももちろんいけません。

そして、**「自己又は他人の権利を防衛する」**ということも条件とされています。したがって、**「正当防衛となる攻撃」は、「防衛のために、攻撃してくる人」**に向けられたものでなければならないといえます。

最後に**「やむを得ずにした行為」**という条件が付されます。これは端的にいえば「やりすぎ」を禁止しています。**「権利を守るために必要な反撃行為であり、行為が度を過ぎたものでないこと」**が条件となります。反撃して昏倒している相手に追い打ちをかけるような行為は正当防衛とはいえませんね。

2．違法性と違法性の否定

「違法性」については先に説明いたしました。違法性とは、**「人の行為又は状態が法に違反していること」**でした。この違法性はどのような考え方によるものでしょうか。「違法」であるということは、現在のルールから見て**「刑罰を科してでも、公共の福祉を守ることが必要である」**とされることを**「実際に法律を定めること」により禁止している**状態であるといえます。

この「違法性」という視点を考えたときに、**「結果」**によって「違法」か「違法でないか」を区分する視点と、その行為が**「社会的ルールに反したかどうか」**によって「違法」か「違法でないか」を区分する視点があります。

正当防衛を例にとってみると、
①　「パンチされそうになったのでパンチし返したが、社会的な常識の範囲内である」ことが「違法」か「違法でない」のか
②　「パンチされていたとしたら、大けがをしていたかもしれないが、その前に自分を守った」ことが「違法」か「違法でない」のか
といった２つの考えかたがあり得ます。

①の場合を**「行為無価値論」**といい、②の場合を**「結果無価値論」**といいます。

行為無価値論については、

正当防衛の３要件を満たす→社会的ルールに反していない→違法性の否定

結果無価値論については、

ある行為について守られた法益（自身の傷害） ＜ある行為によって侵される法益（相手の傷害に対する攻撃者、すなわち自身） →違法性の否定

という形で説明できることになります。

３．「そうでない」ことを証明することの難しさ

世の中の事象は基本的に、「そうである」ことを証明することよりも「そうでない」ことの証明のほうが難しいといえます。俗に悪魔の証明などといわれますが、法律を考える上では特に「そうでないこと」を主張するほうが大変といえます。

該当すると主張する側は「～かもしれない」という推測による主張が成り立ちますが、該当しないと主張する側は明確な「該当しない」理由を述べなければならないからです。

以上、この章では「刑法」（その他刑罰に関する考え方や別法規）を勉強してきました。人に刑罰を科するためのルールの上で知っておかなければならない基本的なことがらはおおむね理解していただけたと思います。ニュースなどを見るときにでもふと思い出していただければと思います。

第 6 章

訴訟法の基礎知識

01 民事訴訟法と刑事訴訟法

1. 民事訴訟法と刑事訴訟法の立ち位置

本章では**「民事訴訟法」**という法律と、**「刑事訴訟法」**という法律を取り扱います。「そんな法律聞いたことない。」と言われる方もいるかもしれません。それは自然なことといえるでしょう。なぜなら、現実に取引の場でルールとして登場する民法と、刑罰としてニュースなどで見かける刑法とちがい、これらの法は**「手続法」**と呼ばれる分野に属し（第１章で学びましたね）、具体的に裁判などを行うために定められているルールとなります。そのため、当然ながら、手続きに関わらない方は触れる機会がありません。

まずは、実態法と手続法の違いをおさらいしておきましょう。（第１章で書いた表です。）

実体法	権利義務の発生、変更、消滅の要件等の法律関係について規律する法。
手続法	**権利、義務等の実現のために執るべき手続きや方法を規律する法。**

手続法がなかったらどうなるでしょうか。法律を定めて、権利、義務などを定めても、それが当事者の任意での解決に任されたままだとすると、その法律の効果は当事者間の合意が得られない限り実現せず、法律で定められた権利、義務は「絵にかいた餅」になります。そういった場合、**実際の手続きを通じて具体的に解決を図っていくためのルール**が「手続法」になるのです。

この「手続法」を見ることによって、民事と刑事の具体的な相違点が見えてきます。本章では手続法を通じて、民事と刑事の相違点を明らかにしていきたいと思います。

2. 民事と刑事の違い

「訴訟」とは裁判を起こすことをいい、訴訟の類型としては「民事」訴訟と「刑事」訴訟に区分されます。

「民事」とは「私人が対等の地位において営む生活上の法律関係から生じる現象又はこれに関連する事項」をいいます。他方、「刑事」とは、刑法その他の刑罰法規の適用を受ける事柄を指します。

したがって、「刑事」には必ず「刑罰」という判断がつきまとうことになります。「民事」は「刑罰」以外の事柄と認識しておくとよいでしょう。そのため、「民事」の方が世の中の大半となり、「刑事」はかなり限られた範囲であるといえるでしょう。例えば「国」を相手取った裁判であっても手続上は「民事」扱いとなります。

02 民事訴訟法：民事訴訟は真実を追求しない！？

1．民事訴訟とは

民事訴訟の流れは以下のようになります。

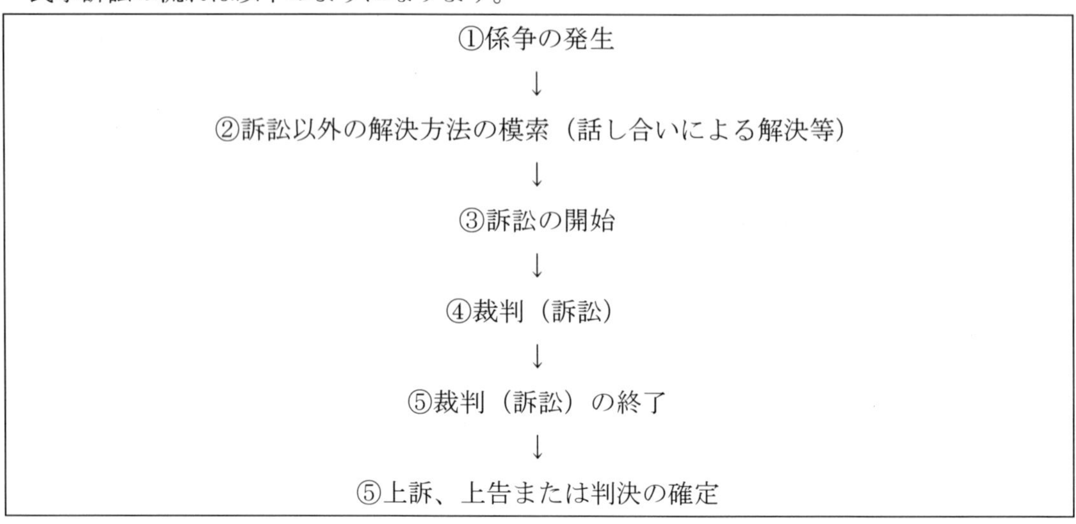

民事訴訟では訴えられる人を**「被告」**といい、訴える人を**「原告」**といいます。また、「民事」の裁判を起こす「民事訴訟」は言葉でいえば、**「私人が対等な地位において営む生活関係から生じる紛争や利害の衝突を、国家の裁判権によって、法律的、強制的に解決、調整するための手続き」**のことです。わかりやすくいえば、**「国家機関である裁判所が利害関係を調整するための手続き」**ともいえるでしょう。

2．民事訴訟の目的

「手続法」の定義を思い出してください。「手続法とは、権利や義務の実現のための手続きを定めた法律」であるといいました。

これからいえることは、民事訴訟（民事訴訟法の定める手続き）では**権利や義務の発見や実現が大きな目的の一つ**ということです。「民事」は先に述べた通り、「私人が対等の関係において起きる法律関係」に対する事柄です。「民事」にも個人の「権利や義務の実現」のためという目的はもちろんありますが、「権利や義務の実現」ということよりも大事なこととして、**「当**

事者間の紛争の解決」があります。この場合は「権利や義務の実現のために必要な真実の発見」より「紛争の解決」が優先されることになります。

例えば

事実　AとBの間でBがAにお金を借りたという1万円の金銭消費貸借契約があった。 真実　AとBの金銭消費貸借契約書のBの文字は、実はCが書いたものだった。 契約書にしたがって、Aは貸した1万円の弁済をBに請求した。これは、Aの知り合いであるCがBの名前を偽って署名したものであり、本来であればBに弁済義務はないはずである。しかし、BはCが書いたもの（自身が書いたものではない）と証明するのは相当時間がかかりそうで、だったら1万円を払った方が楽だと思った。BはCの筆跡であるという証明しないでAの主張を受け入れ、BはAにお金を1万円弁済した。

この例の場合において、真実を追求すれば、AはBにお金を払う必要性がないことになりますが、それに要する労力を考慮して「わかった、わかった」と、Aの主張を受け入れれば、それ以上Bは争う理由がなくなってしまいます。

真実を発見する目的のことを**「真実発見の要請」**といい、紛争を解決する目的のことを**「紛争解決の要請」**といいますが、民事訴訟法においては、

「紛争解決の要請」＞「真実発見の要請」

となるといえるのです。

ではなぜ、民事訴訟では紛争解決の方が真実発見より重視されるのでしょうか。実はこの考え方は民法の基本的な考え方である「私的自治の原則」（民法のところで学習しましたね）によるところが大きいのです。

「私的自治の原則」とは端的にいえば、「当事者同士の合意が（法に反しない限り）優先される」という話でした。つまり、「権利も自分の意思で取得する（売買等で所有権を取得する場合等）」ということができる一方で、「権利も自由に放棄できる」といえるのです。

上記の例でいえば、「Aさんは1万円を払わなくてもよい権利を放棄した」という判断になります。

3．民事訴訟の終了

訴訟は、裁判が確定することの他に、訴訟の取り下げ、訴訟以外での解決（和解・示談）といった終わり方をすることあります。裁判中でも和解に至ることがありますし、これ以上争っても勝ち目がない、といったときに訴訟自体を取り下げてしまうこともあります。こういった手続きによって「民事訴訟」は終了します。

03 刑事訴訟法：被告の権利保護としての国選弁護人と推定無罪

1．警察官と検察官

刑事手続には、みなさんご存じの**「警察官」**と**「検察官」**という立場の人が出てきます。警察官と検察官は権限が大きく違い、検察官は警察を統括する立場にあります。警察官は検察官の指示に従い捜査をしますが、刑事裁判を起こす「起訴」以降は検察官しかできません。

「検察」＝「警察を指示し捜査する」→「起訴」→「公判」（有罪を立証する）
「警察」＝「治安の維持」と「検察の指揮するところに基づいた捜査」

なお、検察官は司法試験に合格し、司法修習まで完了ののち、司法修習考試にも合格しなければなることができません。

2．疑わしきは罰せず

刑罰規定により刑罰を科するということは、非常に重要な意味をもちます。刑罰を科するということは「社会的制裁を与える」ということであり、人権の観点からいえば、当然に「本当はやっていないのに刑罰を科される」ということがあってはなりません。

そこで刑事訴訟法は刑罰を科するにあたっては、きわめて厳格な手続きを要求するための手続規定であり、ひいては、国家が定める刑罰のいきすぎを抑制する役割を果たしているといえます。
「疑わしきは罰せず」という言葉があります。この言葉は直接的には**刑事訴訟法と関係はありません**が、刑事裁判は、より客観的な立証が求められ、その立証責任（罪を犯した人がその人である、と証明すること）は検察官が負うことになるのです。

3．被告の権利の保護

刑事裁判は次の流れで進みます。

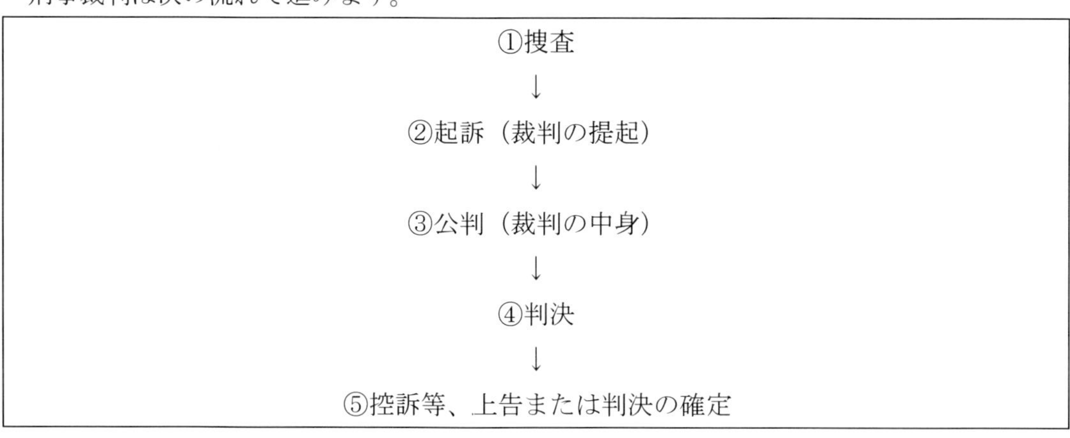

「逮捕」という言葉にどのようなイメージを持つでしょうか。「逮捕＝犯罪」という認識でいらっしゃる方も多いと思います。しかしながら、「逮捕」の時点では「有罪かどうか」ということは確定していません。「逮捕」の意味としては、**「被疑者が証拠を隠滅したり、逃亡したりしないように、一定期間拘束をする」**という意味合いがあります。したがって、「逮捕＝犯罪」ではありません。（疑いがあるということはできますが。）「起訴」も同様です。「起訴」ののち、**判決が確定して初めて「有罪」となるのです。**このことを**「無罪の推定」**といいます。

また、刑事訴訟法は「刑罰のいきすぎを抑制する」というお話をしました。このことは被告の権利の保護を法令上で明確にしている点から明らかです。

> 刑事訴訟法　第37条の2（被疑者国選弁護）
> **被疑者に対して勾留状が発せられている場合において、被疑者が貧困その他の事由により弁護人を選任することができないときは、裁判官は、その請求により、被疑者のため弁護人を付さなければならない。**ただし、被疑者以外の者が選任した弁護人がある場合又は被疑者が釈放された場合は、この限りでない。

これは拘留中に**被疑者から国選弁護の要求があった場合は被疑者に弁護人をつけなければならないとする制度**で、被疑者の権利の保護の1つといえるでしょう。なお被告（裁判で起訴された人）に対して国選弁護をつけることは憲法上の人権として明記されています。しかしながら、被疑者国選弁護については憲法上の明記はありません。憲法より広い範囲で権利保護をしているのです。

憲法　第37条
　すべて刑事事件においては、被告人は、公平な裁判所の迅速な公開裁判を受ける権利を有する。
②　刑事被告人は、すべての証人に対して審問する機会を充分に与へられ、又、公費で自己のために強制的手続により証人を求める権利を有する。
③　**刑事被告人は、いかなる場合にも、資格を有する弁護人を依頼することができる。被告人が自らこれを依頼することができないときは、国でこれを附する。**

　これらを踏まえて刑事訴訟法の具体的な目的を見ていきましょう。

刑事訴訟法　第１条
　この法律は、刑事事件につき、**公共の福祉の維持と個人の基本的人権の保障**とを全うしつつ、**事案の真相を明らかにし**、刑罰法令を適正且つ迅速に適用実現することを目的とする。

　刑事訴訟法１条には、その目的が明記されています。つまり、
・公共の福祉の維持
・個人の基本的人権の保障
・事件の真相を明らかにする
ということです。

　これらを踏まえると、**「真実を明らかにすること」によって、「刑法を中心とした刑罰法令」の迅速な適用により、公共の福祉の維持（犯罪の抑制）と、被告の権利保護やいきすぎた刑罰法規の適用を防ぐことによって、基本的人権を保障する、ということを両立するための法令**といえるのです。

　そのため刑事訴訟法では「真実の解明に必要なこと」と「やれないこと（やりすぎてはいけないこと）」を同時に明記するような法令が散見されます。その１つを見てみましょう。

刑事訴訟法　第102条
　裁判所は、必要があるときは、被告人の身体、物又は住居その他の場所に就き、捜索をすることができる。
②　被告人以外の者の身体、物又は住居その他の場所については、押収すべき物の存在を認めるに足りる状況のある場合に限り、捜索をすることができる。

　この条文は、裁判所は**「必要があるとき」**は被告人以外の捜索をすることができるとしており、被告人以外の人は**「押収すべき物の存在を認めるに足りる状況のある場合に限り」**捜索

をすることができるとしています。

つまり、**「真実の解明」のための捜索は認める一方、不当に他人の権利を侵害しないために、捜索可能な状況を制限する文言がセットで条文化**されているのです。このバランスが刑事訴訟法の特徴で、民事訴訟法、すなわち当事者同士の解決を図るための手続を定めた法律とは大きく異なる点です。

以上、手続法である民事訴訟法、刑事訴訟法を学習してきました。ここでは手続法という分野の特徴、民事と刑事の違いなどを理解していただきたいと思っております。

参考文献

・「有斐閣　法律用語辞典　第４版」法令用語研究会編、有斐閣、2012 年
・「行政判例百選Ⅰ　第７版」宇賀克也 ほか、有斐閣、2017 年
・「父殺しの女性」を救った日本初の法令違憲判決　憲法第 14 条と「尊属殺人」日経ビジネス（ＷＥＢ）神田 憲行、監修：加藤清和　2016 年 3 月 16 日掲載
https://business.nikkei.com/atcl/report/15/120100058/120200001/?P=1
・裁判所ＨＰ「判決に対する上訴—控訴と上告」
https://www.courts.go.jp/saiban/syurui/syurui_minzi/minzi_01_02_04/index.html
・「行政法概説Ⅰ　行政法総論　第６版」宇賀克也、有斐閣、2017 年
・「行政判例百選　Ⅰ　第５版」田村和之、有斐閣、2006 年
・「民法Ⅰ　総則」佐久間毅ほか、有斐閣、2010 年
・「日本一やさしい法律の教科書」品川皓亮、日本実業出版、2011 年

著者紹介

大久保　聖（おおくぼ　たかし）

グロースリンク税理士法人所属

金沢大学経済学部経済学科卒　名古屋経済大学大学院法学研究科修了

大学卒業後、大手税理士法人へ勤務し、その後、グロースリンク税理士法人へ所属。業界15 年以上の経歴と幅広い知識を武器に、幸せと利益を両立する「いい会社」を増やすというミッションのもと、日々クライアントの経営成績向上のためのアドバイスを行っている。

職業訓練法人H＆A　法務基礎

2021年4月1日　初 版 発 行
2024年4月1日　第二版 第三刷発行

著 者　**大久保　聖**

発行所　職業訓練法人H＆A
〒472-0023　愛知県知立市西町妻向14-1
TEL 0566(70)7766
FAX 0566(70)7765

発 売　株式会社　三恵社
〒462-0056　愛知県名古屋市北区中丸町2-24-1
TEL 052(915)5211
FAX 052(915)5019
URL http://www.sankeisha.com

乱丁・落丁の場合はお取替えいたします。

ISBN978-4-86693-425-9